Facebook-Marketing für Einsteiger

Wie Sie eine erfolgreiche
Social-Media-Strategie für
Facebook entwickeln

Till Krings

Inhaltsverzeichnis

Einführung

Es hat sich viel geändert in den letzten 10 Jahren. Eine einfache Webseite im Visitenkartenstil reicht schon lange nicht mehr aus, um erfolgreiches Marketing im Internet zu betreiben. Soziale Medien wie Facebook und Twitter gehören bei einer erfolgreichen Marketingstrategie unbedingt dazu. Mehr und mehr Unternehmen sind mit eigenen Seiten bei Facebook präsent. Der Erfolg dieser Bemühungen lässt leider meistens zu wünschen übrig. Denn Facebook-Marketing unterscheidet sich von herkömmlichem Internet-Marketing mit der eigenen Webseite. Auf Facebook gelten andere Gesetzmäßigkeiten und für erfolgreiches Facebook-Marketing ist eine eigenständige Social-Media-Strategie Pflicht.

Es ist kein Wunder, dass so viele Unternehmen unzufrieden mit ihren Marketingbemühungen auf Facebook sind. Es werden im Wesentlichen immer wieder dieselben Fehler gemacht:

- Es werden keine präzisen Ziele definiert, was mit dem Facebook-Marketing überhaupt erreicht werden und wie das Endergebnis aussehen soll.
- Es mangelt an grundlegendem Verständnis darüber, wie Facebook-Marketing funktioniert. Wenn die Prozesse und die Funktionsweise einer Facebook-Seite nicht klar sind, ist es auch schwer, eine adäquate Marketingstrategie zu entwickeln.

Dieser Ratgeber soll Licht in das Dunkel geben und das notwendige Rüstzeug bereitstellen, um eine solide Marketingstrategie für Facebook-Unternehmensseiten auf die Beine zu stellen.

1. Grundlagen

Facebook hat das Internet verändert. Es ist zu einem gewaltigen Netzwerk innerhalb des Internets gewachsen, das sozusagen einen Kosmos für sich bildet. Ob das auch in Zukunft so sein wird, bleibt abzuwarten, aber derzeit führt an Facebook kein Weg mehr vorbei. Fast ein Viertel der Erdbevölkerung nutzt es und ist per Facebook erreichbar – damit hat Facebook eine einmalige Reichweite, die kein anderes soziales Netzwerk in dieser Form bietet.

1. Kennzahlen zu Facebook

Einige wichtige Kennzahlen in der Übersicht:

- Mehr als 1,5 Milliarden Menschen haben einen Facebook-Account.
- 73 Prozent aller Konsumenten sind der Ansicht, dass Facebook das wichtigste soziale Netzwerk für lokale Unternehmen ist.
- 61 Prozent aller kleineren Unternehmen sind bereits auf Facebook zu Marketing-Zwecken aktiv.
- Insgesamt gibt es über 50 Millionen Facebook-Seiten, davon werden 40 Millionen von kleineren Firmen betrieben.
- 2,5 Millionen Advertiser nutzen Facebook als Kanal, um Werbung zu betreiben.

- 75 Prozent der Marken bewerben ihre Post auf Facebook.
- 70 Prozent des Facebook-Traffics wird von Usern mit mobilen Endgeräten verursacht.

1.1. Welche verschiedenen Facebookinhalte gibt es?

Inhalte auf Facebook können in folgende drei Kategorien unterteilt werden: In Facebookprofile, Facebook-Seiten und Facebookgruppen. Auf den ersten Blick sehen diese verschiedenen Facebookinhalte sehr ähnlich aus. Es gibt aber gravierende Unterschiede zwischen den drei Gruppen, die sich aus der Nutzung und den Möglichkeiten ergeben, die die jeweiligen Kategorien bieten.

1.1.1. Facebookprofile von Personen

Facebookprofile sind Nutzerprofile natürlicher Personen. Sie können auch für gewerbliche Zwecke verwendet werden, allerdings ist von dieser Nutzung abzuraten, weil sie nicht dafür konzipiert sind. Außerdem kann ein Facebookprofil nur von einer natürlichen Person angelegt werden. Facebookprofile dienen dazu, sich mit anderen Facebookusern auszutauschen und sind eine Art soziales digitales Tagebuch. Für gewerbliche Zwecke sind Facebookprofile nur bedingt geeignet, obwohl auch das vorkommt und manche Nutzer ihre Profile auch für geschäftliche Zwecke verwenden. Private Facebookprofile haben aber zum Beispiel ein Limit, was die Zahl der Freunde betrifft, die pro Profil akzeptiert werden können. Es liegt auch in der Natur der Sache, dass sich private und geschäftliche Inhalte auf einem privaten Facebookprofil nur schwer sinnvoll trennen lassen. Bei solchen doppelt genutzten Seiten stellt sich immer das Problem, wer am Ende was zu sehen bekommen will. Vermutlich wollen Sie

Ihren potentiellen Kunden und Interessenten nicht unbedingt Ihre Urlaubsfotos, Katzenvideos und Partybilder zusammen mit Ihren Produkten und Dienstleistungen zeigen.

1.1.2. Facebookgruppen

Facebookgruppen sind eine weitere interessante Inhaltsform auf Facebook. Facebooknutzer können sich auf Facebook zu Gruppen zusammenschließen. Diese Gruppen können verschiedensten Zwecken dienen. Katzenliebhaber können sich ebenso wie Auswanderer, Oldtimerfans oder strenggläubige Christen zu Gruppen zusammenschließen, um zu helfen, sich untereinander auszutauschen oder einfach nur zu unterhalten. So gibt es zum Beispiel Gruppen, in denen Nutzer bestimmte Produkte besprechen. Für größere Firmen kann es interessant sein, zu bestimmten Produkten Gruppen einzurichten, in denen sich Kunden untereinander austauschen und gleichzeitig mit der Firma in Kontakt treten können.

1.1.3. Facebookpages

Facebook-Seiten unterscheiden sich von Facebookprofilen dadurch, dass es sich eben nicht um Profile privater Personen handelt. Facebook-Seiten können für Unternehmen angelegt werden, aber ebenso für einzelne Produkte oder Themen. So ist eine Facebook-Seite mit dem allgemeinen Thema „Segelsport“ ebenso denkbar wie eine Seite zu einem Film, Buchtitel oder anderen Produkt. Facebook-Seiten sind die mit Abstand flexibelste Inhaltsform auf Facebook. Wenn es um die Außendarstellung von Unternehmen geht, ist die Facebook-Seite das Mittel der Wahl.

1.2. Warum Sie eine separate Fanpage brauchen

Wie bereits ausgeführt, private Facebookprofile haben andere Funktionen als Facebook-Seiten und sind nicht optimal für eine gewerbliche Nutzung geeignet. Auch wenn Sie als Einzelunternehmer tätig sind und Ihr Unternehmen mit Ihrer Person identisch ist, sollten Sie eine zusätzliche gewerbliche Facebook-Seite anlegen, um geschäftliche und private Inhalte klar voneinander zu trennen. Es kann sonst im Laufe der Zeit immer schwieriger und unübersichtlicher werden, Ihr Privatleben und geschäftliche Beiträge klar voneinander abzugrenzen.

Eine Facebook-Seite können Sie von Anfang an gezielt auf den geschäftlichen Verwendungszweck hin ausrichten und sich so präsentieren, wie es der gewerbliche Einsatzzweck erfordert. Deshalb: Trennen Sie Privates und Geschäftliches, irritieren Sie Ihre Kunden nicht mit Ihren Urlaubsfotos und Katzenvideos.

Außerdem sind private Facebookprofile limitiert, was die Zahl möglicher Facebookfreunde betrifft. Bei 5.000 Facebookfreunden ist Schluss, mehr ist im System nicht vorgesehen. Facebook-Seiten können hingegen unendlich viele Fans haben, es gibt hier kein Limit nach oben.

1.2.1. Was eine Facebook-Seite leisten kann

Eine Facebook-Seite kann Großartiges leisten. Sie können sie nutzen, um zusätzliche Besucher für Ihre vorhandene Webseite zu gewinnen oder neue Abonnenten für eine Newsletterliste anzulegen. Sie können vorhandene Kunden und Interessenten an Ihr Unternehmen binden.

1.2.2. Was eine Facebook-Seite nicht kann

Facebook ist nicht Amazon oder Ebay und nicht der richtige Platz, um Produkte oder Dienstleistungen direkt an Endkunden zu verkaufen. Zumindest nicht für Unternehmen. Es gibt Privatleute, die selbstgemachte Produkte wie Marmelade oder Ähnliches an ihre Facebookfreunde verkaufen. Das kann funktionieren. Für Unternehmen ist Facebook nicht der ideale Ort zum Verkauf. Der Grund ist bei etwas Nachdenken völlig offensichtlich: Facebook ist ein Ort, an dem sich Menschen mit anderen Menschen über ihre Interessen austauschen wollen. Sie möchten dort nicht mit Werbung überflutet werden.

1.3. Die Gestaltung der Fanpage

Achten Sie bei der Gestaltung Ihrer Facebook-Seite darauf, Ihre bestehende Corporate Identity soweit möglich in die Gestaltung der Facebook-Seite mit einfließen zu lassen. Da das Design der Facebook-Seite nur an wenigen Punkten beeinflusst werden kann, bieten sich dafür vor allem die Grafiken an.

1.3.1. Die Headergrafik

Die Kopf- bzw. Headergrafik Ihrer Facebook-Seite ist ein wichtiges Designelement. Bei Facebook-Seiten spielt der erste Eindruck eine entscheidende Rolle, genau wie bei Webseiten. Die Headergrafik ist ein Aushängeschild und zusammen mit dem Profilfoto eins der wichtigsten Designelemente Ihrer Facebook-Seite. Die Headergrafik sollte eine Größe von 828 x 315 px aufweisen, damit sie auf allen Endgeräten bestmöglich angezeigt wird. Benutzen Sie ein Bild, das im weitesten Sinne mit Ihrem Business zu tun hat. Es sollte emotional sein und eine positive Aussage transportieren.

1.3.2. Das Profilbild

Die zweite wichtige Grafik, die sogar noch mehr Blicke anzieht, ist das Profilbild. Das Profilbild sollte eine Größe von 180 x 180 px haben. Es ist also quadratisch. Im Profilbild können Sie wahlweise ein Firmenlogo oder z.B. ein Foto des Inhabers posten. Das Bild einer Person kommt natürlich besonders bei Einzelunternehmern und Freiberuflern in Betracht. Halten Sie sich unbedingt an die vorgeschriebene Größe, damit Ihr Profilbild von der Seite optimal angezeigt wird.

1.4. Rechtliche Dinge, auf die Sie achten müssen

Deutschland ist nicht umsonst eins der Länder mit dem unübersichtlichsten und kompliziertesten Onlinerecht. Das macht sich auch bemerkbar, wenn Sie eine eigene gewerbliche Facebook-Seite für Ihr Unternehmen einrichten. Genau wie eine eigene Webseite muss auch Ihre Facebook-Seite den Anforderungen des Telemediengesetzes genügen.

1.4.1. Das Impressum

Genau wie für Ihre gewerbliche Webseite benötigen Sie für Ihre Facebook-Seite ein vollständiges Impressum, das den gesetzlichen Anforderungen genügt.

Eine Facebook-Unternehmensseite ist letztlich wie eine eigene Website zu behandeln und benötigt – wie jede geschäftsmäßig betriebene Onlinepräsenz – ein Impressum.

Ein rein privat genutztes persönliches Facebook-Profil braucht dagegen grundsätzlich kein Impressum. Sollten Sie aber auf Ihrem privaten Profil häufig geschäftliche Inhalte posten und geschäftliche Kontakte pflegen, kann sogar Ihr privates Profil unter die Impressumspflicht fallen.

Wörtlich heißt es in § 5 Abs. 1 Telemediengesetz (TMG) (Allgemeine Informationspflichten):

> *Diensteanbieter haben für geschäftsmäßige, in der Regel gegen Entgelt angebotene Telemedien folgende Informationen leicht erkennbar, unmittelbar erreichbar und ständig verfügbar zu halten (...)*

Was soll das Ganze? Nun, es geht darum, dass Ordnungs- oder Strafverfolgungsbehörden jederzeit dazu in der Lage sein sollen, den Seitenbetreiber ausfindig zu machen, um einen Verantwortlichen zu haben im Falle einer tatsächlichen oder vermeintlichen Rechtsverletzung.

Was muss rein? – Pflichtangaben im Impressum
Das Impressum muss die folgenden Pflichtangaben enthalten:

- Name/Firma und die Anschrift. Es muss eine Straßenadresse sein, eine Postfachanschrift wird nicht akzeptiert.
- Vertretungsberechtigte: Dies können nur natürliche Personen sein!
- E-Mail-Adresse
- Die zuständige Aufsichtsbehörde, wenn eine behördliche Zulassung erforderlich ist, z.B. bei Immobilienmaklern
- Eintragung im Handels-, Vereins- oder Genossenschaftsregister unter Angabe des Registers und der Registernummer

- Bei „geschützten Berufen“ (z.B. Ärzten, Rechtsanwälten, Architekten): Die Kammer, die gesetzliche Berufsbezeichnung und besondere berufsrechtliche Regelungen mit dem Zugang hierzu

- Sofern vorhanden: Umsatzsteuer-Identifikationsnummer

- Eine Telefonnummer muss nicht unbedingt angegeben werden, wenn über ein elektronisches Kontaktformular innerhalb angemessener Zeit nach Kontaktaufnahme geantwortet wird und dem Nutzer auf Verlangen ggf. in besonderen Situationen ein anderer, nicht-elektronischer Kontaktweg zur Verfügung gestellt wird.

Damit ist es allerdings immer noch nicht getan. Die Angaben müssen auch noch an der richtigen Stelle platziert werden. Das Gesetz verlangt, dass die Impressumsangaben

- leicht erkennbar,

- direkt erreichbar

- und immer verfügbar

sein müssen. Der Bundesgerichtshof hat diese Anforderungen inzwischen in konkrete Regeln gegossen: Der durchschnittlich informierte Internetnutzer muss jederzeit mit maximal zwei Klicks zu den betreffenden Informationen gelangen können.

Außerdem muss gewährleistet sein, dass:

- kein übermäßiges Scrollen nötig ist,
- eine eindeutige Bezeichnung („Impressum", „Kontakt") vorhanden ist,
- zur Anzeige keine Pop-Up-Fenster oder Java-Script verwendet und das Impressum nicht nur in PDF- oder Grafikdateien angeboten wird.

Bezüglich der Bezeichnung sind Sie mit „Impressum" auf der sicheren Seite.

Das Impressums-Feld

Bei Ihrem Facebook-Impressum muss nicht nur die Desktopversion, sondern auch die mobile Darstellung den gesetzlichen Vorgaben und den Vorgaben der Rechtsprechung genügen. Facebook bietet seit kurzem ein spezielles (Impressums-)Feld an, in dem das Impressum untergebracht werden kann. Dieses offizielle Impressums-Feld wird von Facebook mittlerweile auch auf allen mobilen Endgeräten korrekt angezeigt. Bei dem sozialen Netzwerk ändert sich die Darstellung aber so häufig, dass Sie regelmäßig kontrollieren sollten, ob das Impressumsfeld auch zukünftig – und auf allen unterschiedlichen mobilen Endgeräten – korrekt angezeigt wird.

In diesem Zusammenhang hat das OLG Düsseldorf entschieden, dass ein Plattformbetreiber seinen Nutzern ein Impressum ermöglichen bzw. ein spezielles Impressums-Feld bereitstellen muss. Ob Facebook den deutschen Nutzern diesen Gefallen aufgrund des Urteils getan hat oder ob das Ganze schon lange geplant war, ist nicht bekannt. Auch das Business-Portal Xing bietet diese Möglichkeit inzwischen an.

Eine sehr sinnvolle Vorgehensweise ist es, wenn Sie einen direkten Link von Ihrer Facebook-Seite auf das Impressum Ihrer eigenen Webseite legen und das auch bei allen anderen Social-Media-Auftritten so halten. In diesem Fall haben Sie nämlich immer nur ein Impressum für alle Seiten, dass Sie warten und auf dem aktuellen Stand halten müssen. Wenn später einmal Änderungen notwendig werden sollten, müssen Sie das Impressum nur einmal auf Ihrer Webseite ändern und haben damit dann automatisch auch alles andere auf dem aktuellen Stand.

1.5. Schreiben Sie den ersten Facebookpost für Ihre Fanpage

Sie haben Ihre Facebook-Seite jetzt eingerichtet, perfekt gestaltet und die notwendigen Texte eingebaut, damit Sie juristisch auf der sicheren Seite sind und keine Abmahnung kassieren (Impressum, Datenschutz). Jetzt ist es soweit. Es wird Zeit, den ersten Beitrag auf Ihrer neuen Facebook-Seite zu veröffentlichen. Dabei stehen Ihnen eine Menge Optionen offen: Sie können neben reinen Textbeiträgen auch Fotos posten und Videos hochladen. Sie sollten von allem Gebrauch machen und einen gut ausgewogenen Mix von Inhalten anstreben. Gute Texte haben ebenso ihre Berechtigung wie Bilder und Videos.

1.6. Wie sieht ein guter Facebookpost aus?

Ein guter Facebookbeitrag sollte dem Leser echten Mehrwert liefern und informierend sein oder unterhaltsam. Im Idealfall beides. Facebook ist kein Platz für platte Verkaufsbotschaften. Stattdessen ist intelligentes Storytelling angesagt. Im folgenden Kapitel wollen wir uns einige konkrete Ideen für Facebookpostings ansehen.

1.7. Ideen für Facebookpostings

Es heißt nicht umsonst „Content ist King“. Vielleicht haben Sie sich auch schon die Frage gestellt, was Sie alle paar Tage posten sollen. Auf den ersten Blick sieht es so aus, als wenn die Möglichkeiten begrenzt sind und die Ideen schnell knapp werden können. Zunächst einmal kommen visuelle Inhalte mit Bildern oder Videos wesentlich besser an als reine Textbeiträge. Aber was soll der Inhalt des Facebookpostings sein?

Wir haben hier 22 Ideen zusammengestellt, die Ihnen helfen sollen, immer neue, kreative Ideen für Ihre Facebook-Seite zu entwickeln.

1.) Zitate: Egal ob lustig oder inspirierend – Zitate kommen bei Facebookusern immer gut an. Versuchen Sie, Zitate von bekannten Persönlichkeiten zu finden, mit denen sich ein Zusammenhang zu Ihrem Unternehmen herstellen lässt.

2.) Ein-Tag-im-Leben-von: Schreiben Sie einen Artikel über einen ganz normalen Arbeitstag in Ihrem Unternehmen. Es kann ein Bericht aus der Perspektive eines Mitarbeiters oder Kunden sein, man kann eine Menge mit diesem Format machen.

3.) Statistiken: Teilen Sie interessante neue Statistiken, die für Ihre Kunden irgendwie relevant sein könnten. Am besten als ansprechende Infografik aufbereitet. Statistiken werden gerne gelesen und geteilt, sofern sie für Ihre Leser interessant sind und ein inhaltlicher Bezug da ist.

4.) Verlinken Sie zu Blogposts auf Ihrer Unternehmenswebseite. Teilen Sie neue Beiträge auf Ihrer Webseite unbedingt immer auch auf Ihrer Facebook-Seite. Es gibt Plugins für Wordpress, die es ermöglichen, dass neue Blogbeiträge auf der Unternehmenswebseite bei der Veröffentlichung automatisch auch auf Facebook geteilt werden.

5.) Posten Sie lustige oder inspirierende Bilder, die Sie mit Ihrer Webseite und/oder mit dem Logo gebrandet haben.

6.) Wie wäre es mit einem Blick hinter die Kulissen? Posten Sie Fotos von Arbeitsplätzen und Mitarbeitern aus der Produktion oder Verwaltung. Oder der Kantine. Gewähren Sie einen Einblick in das Alltagsleben des Unternehmens.

7.) Produktfotos: Finden Sie neue, interessante Perspektiven für Bilder Ihrer Produkte. Am besten Sie veröffentlichen Ihre Produktfotos auf Instagram und teilen sie dann über Facebook. Merkwürdigerweise haben Bilder, die über Instagram auf Facebook geteilt werden, die besseren Werte, was Likes und Shares betrifft, als Bilder, die direkt bei Facebook hochgeladen werden.

8.) Fragen Sie Kunden nach ihrer Meinung. Bauen Sie eine Umfrage in Ihre Facebook-Seite ein. Umfragen kommen immer gut an.

9.) Empfehlen Sie Fachbücher. Wenn Sie gerade ein Buch gelesen haben, das für Ihre Kunden von Interesse sein könnte, dann schreiben Sie eine kurze Besprechung des Inhalts und empfehlen Sie das Buch weiter.

10.) Fragen Sie nach Bewertungen oder Testimonials: Ihre Kunden helfen Ihnen bestimmt gerne dabei, erfolgreich zu sein.

11.) Empfehlen Sie ein Tool: Teilen Sie ein (wenn möglich kostenloses) Tool mit Ihren Kunden, das diese interessant oder hilfreich finden könnten.

12.) Teilen Sie Ihr Lieblingsbuch: Sie haben ein Buch gelesen, das für Ihre Kunden interessant sein könnte? Perfekt!

13.) Schreiben Sie eine positive Bewertung. Sie haben mit einem anderen Unternehmen oder mit einem Kunden besonders gut zusammengearbeitet und sind vollauf zufrieden? Warum schreiben Sie nicht einen positiven Bericht und veröffentlichen ihn auf Facebook? Ihren Kunden/Geschäftspartner wird es freuen.

14.) Eine Reise in die Vergangenheit: Teilen Sie Fotos von alten Logos, Webseiten oder Ihrem ersten Produkt.

15.) Teilen Sie ein Comic oder ein Meme (zum Beispiel von “9gag”): Bringen Sie Ihre Kunden zum Lachen.

16.) Im B2C Bereich – veranstalten Sie einen Fotocontest: Fragen Sie nach Foto-Beiträgen und lassen Sie Ihre Kunden dann abstimmen, wer gewinnen soll. Vergessen Sie nicht, das Gewinner-Foto zu posten.

17.) Teilen Sie brandaktuelle Branchenneuigkeiten: Informieren Sie sich regelmäßig darüber, was in Ihrer Branche los ist. Google Alerts ist ein ausgezeichnetes Werkzeug, um alle entsprechenden News regelmäßig zugestellt zu bekommen und nichts Wichtiges zu verpassen.

18.) Bieten Sie ein kostenloses EBook an: Erstellen Sie eine E-mail-Liste und tun Sie Ihren Kunden etwas Gutes.

19.) Geben Sie Ihren Kunden die Möglichkeit, Fragen zu Ihrer Firma oder Ihren Produkten zu stellen.

20.) Stellen Sie eine Wahrheit-oder-Fiktion-Frage: Lassen Sie Ihre Kunden raten, welche wahr und welche frei erfunden ist.

21.) Machen Sie eine Serie: Erstellen Sie jede Woche ein Posting zu einem ganz bestimmten Thema, bis Sie alle Aspekte erschöpfend behandelt haben.

22.) Starten Sie ein Gespräch mit einem Branchenführer oder erwähnen Sie einen Industrie-Guru.

1.8. Reichweite von Facebookpostings erhöhen

Haben Sie den Eindruck, dass Ihre Facebookpostings nicht genügend Likes bekommen? Es ist tatsächlich nicht einfach, ein größeres Publikum mit durchschnittlichem Facebookcontent zu erreichen. Denken Sie daran, dass nur ungefähr 12 % Ihrer Fans Ihre Facebookbeiträge in ihrem Stream angezeigt bekommen. Und nur 1% aller User besucht eine Unternehmensseite innerhalb eines kurzen Zeitraums ein zweites Mal. Natürlich bekommen die Postings die meisten Leser und die meiste Aufmerksamkeit, die es schaffen, vom Facebook-Algorithmus für den Stream ausgewählt zu werden. Je öfter eine Meldung geliked, kommentiert und geteilt wird, desto besser wird auch die Platzierung im Facebookstream und desto schneller kommen immer neue Likes.

Daraus kann sich manchmal ein regelrechter Schneeballeffekt entwickeln – ein virales Posting hat das Licht der Welt erblickt.

1.8.1. Sprechen Sie nicht ständig über Ihre Produkte

Allerdings ist Facebook ein soziales Netzwerk, dessen Hauptzweck es ist, sich mit Freunden und Bekannten auszutauschen. Niemand möchte dort ständig von Werbung belästigt werden. Darum hat aggressive Werbung auf Facebook nichts verloren. Menschen möchten auf Facebook unterhalten werden, sie möchten dort Inhalte mit Mehrwert geboten bekommen.

Sprechen Sie auf Facebook nicht ständig über die Produkte und Dienstleistungen, die Sie anbieten. Sprechen Sie stattdessen darüber, welche Wünsche man sich mit Ihren Angeboten erfüllen kann oder erzählen Sie Geschichten, wie sich das Leben Ihrer Kunden durch Ihr Unternehmen zum Positiven gebessert hat.

Storytelling ist der Schlüssel für erfolgreiches Facebook-Marketing, es steht und fällt damit. Menschen wollen auf Facebook in erster Linie unterhalten werden und erst an zweiter Stelle informiert.

1.8.2. Erzählen Sie intelligente Geschichten

Wenn Sie mehr Aufmerksamkeit auf Facebook bekommen möchten, ist intelligentes Storytelling gefragt. Erzählen Sie Geschichten rund um Ihre Produkte und Dienstleistungen, die unterhaltsam sind und Ihren Kunden Mehrwert bieten. Dabei spielen Bilder eine wichtige Rolle. Der Trend auf Facebook geht zum Fotoalbum und zum Videobeitrag. Posten Sie lustige Fotos mit Bezug zu Ihren Produkten und Dienstleistungen. Fotos werden auf Facebook von allen Inhalten am meisten geteilt. Reine Textbeiträge und reine Linkpostings werden leider schnell übersehen und bekommen nicht die ihnen eigentlich gebührende Aufmerksamkeit.

Auch Videos sind ein wichtiges Mittel, um die Reichweite Ihrer Facebookbeiträge zu erhöhen. Am besten ist es, wenn Sie die Videos direkt auf Facebook hochladen. Es ist so, dass Videos mehr Aufmerksamkeit und Likes bekommen, wenn sie direkt auf Facebook hochgeladen werden, ohne den Umweg über einen YouTube-Link zu gehen. Fotos werden merkwürdigerweise am meisten geliked, wenn sie über den Facebook-Tochterdienst Instagram geteilt werden. Es ist also ratsam, neben Ihrem Facebook-Account auch ein Benutzerkonto bei Instagram anzulegen, um die Reichweite Ihrer Fotos zu erhöhen.

1.8.3. Vergessen Sie niemals den Call-to-Action

Auch dann, wenn Sie auf Ihrer Facebook-Seite nur ein schnelles Foto oder ein kurzes, mit dem Handy aufgenommenes Video posten, sollten Sie die Gelegenheit immer nutzen, einen Link auf Ihre Webseite oder die Landingpage zu setzen. Sie können den Link mit einem Link-Shortener wie z.B. https://bitly.com kürzen, wenn die Webadresse Ihnen zu lang erscheint. Das hat auch den Vorteil, dass Sie nachvollziehen können, welcher Link wie oft angeklickt wurde. Jeder zusätzliche Link auf Ihre Webseite erhöht die Chance, dass sich ein Nutzer dort in Ihre E-mail-Liste einträgt oder als Interessent Kontakt aufnimmt, also nutzen Sie diese Chance und bauen Sie in jeden Post einen Call-to-Action ein.

1.8.4. Gewinnspiele werden überschätzt

Gewinnspiele sind beliebt. Viele Unternehmen versuchen auf diese Weise, die Zahl ihrer Facebook Fans in die Höhe zu treiben. Nun ist es so, dass Gewinnspiele zwar vorübergehend tatsächlich die Zahl der Fans auf einer Facebook-Seite erhöhen, aber eben nur vorübergehend. Wenn das Gewinnspiel vorbei ist, kommen die meisten Besucher, die damit angelockt wurden, nicht wieder. Stellen Sie sich die Frage, was das für Fans sind, die eine Seite nur wegen eines Gewinnspieles besuchen. Sind das wirklich die Leute, die später zu Interessenten und dann zu Kunden werden, oder handelt es sich hier nicht in erster Linie um Schnäppchenjäger, die gerne kostenlos einen Preis abstauben möchten? Statt die Fanbasis künstlich mit Gewinnspielen zu vergrößern, ist es besser, auf einen langsamen, aber stetigen Aufbau der Fanbasis mit Hilfe von hochwertigem Content zu setzen. Wer Postings veröffentlicht, die gerne gelesen und geteilt werden, wird auf Facebook automatisch erfolgreich sein.

1.8.5. Definieren Sie konkrete Ziele

Haben Sie sich Gedanken gemacht, was genau Sie mit Ihrem Facebookposting erreichen möchten? Wollen Sie Shares, Likes, Kommentare oder Klicks auf Ihre Webseite? Es geht nicht alles gleichzeitig. Packen Sie nicht zu viele Informationen in ein einzelnes Posting, sonst geht die Übersicht schnell verloren und das Ganze wird für die Leser zu komplex. Konzentrieren Sie sich in Ihren Postings auf das Wesentliche.

1.8.6. Regelmäßig analysieren & optimieren

Facebook bietet im Menü auch die Möglichkeit, sich Statistiken anzeigen zu lassen. Dort können Sie durchforsten, wie alt Ihre Fans und ob mehr Frauen oder Männer vertreten sind. Eine Funktion, die man nutzen sollte, denn so können Sie die Postings und Werbeschaltungen besser auf Ihre Zielgruppe abstimmen.

1.8.7. Die ideale Tages- und Uhrzeit

Es gibt Studien, die ganz klar bewiesen haben, dass der Zeitpunkt des Postings keineswegs egal ist. Der beste Tag für ein Facebookposting ist der Sonntag. Und zwar spätabends zwischen 22 und 24 Uhr. Natürlich sind die meisten Unternehmen um diese Zeit nicht aktiv. Es ist aber trotzdem möglich, in dieser Zeit ein Posting abzusetzen, denn Facebook verfügt über eine Funktion, mit der der Veröffentlichungszeitpunkt eines Beitrags genau geplant werden kann. Sie können den Facebookbeitrag also schon im Vorfeld schreiben und die Veröffentlichung des Beitrags mit der „Beitrag planen"-Funktion dann auf den fraglichen Zeitraum am Sonntagabend festlegen.

2.0. Facebook-Werbung

Eine Facebook-Seite hat zunächst wenig Leser. Um die Zahl Ihrer Leser zu erhöhen und Menschen zu erreichen, die Ihre Seite nicht von sich aus finden würden, bietet Facebook Ihnen die Möglichkeit, gezielte Werbung zu schalten.

2.1. Was ist der Unterschied zwischen Facebook und Adwords-Werbung

Auf den ersten Blick drängt es sich auf, Facebook-Werbung mit der wesentlich älteren Adwords-Werbung von Google zu vergleichen, die ja schon wesentlich länger auf dem Markt ist. Und in der Tat haben beide Formen der Internetwerbung auf den ersten Blick einiges gemeinsam. Bei genauerem Hinsehen stellt sich aber heraus, dass die Unterschiede deutlich überwiegen.

2.2. Typische Fehler, die Sie bei Facebook-Werbung vermeiden sollten

Eine Gemeinsamkeit zwischen Adwords und Facebook gibt es auf jeden Fall: Man kann als Anfänger viel Geld verbrennen, wenn man zu unbedarft an die Sache herangeht und großzügig Anzeigen schaltet, ohne genau zu wissen, wie das System funktioniert. Es sind immer dieselben Fehler, die gemacht werden. Dabei zieht sich das von Kleinunternehmen bis zu großen Konzernen – Größe allein ist nicht immer ein Garant für kompetentes Facebook-Marketing. Wir haben die wichtigsten Fehler, die man im Zusammenhang mit bezahlter Facebook-Werbung machen kann, in diesem Kapitel zusammengefasst. Nutzen Sie Ihre Chance, diese Fehler zu vermeiden und starten Sie Ihre

Facebookkampagne so, dass sie von Beginn an erfolgreich ist. Wenn Sie es schaffen, die im Folgenden genannten Klippen zu umschiffen, haben Sie schon die größten Hürden genommen und es braucht nur noch etwas Feintuning...

2.2.1. Sie benutzen die Funktion „Beitrag bewerben", um Werbung zu schalten.

Sie haben sich mit dem Schreiben eines Beitrags auf Ihrer Facebook-Seite viel Mühe gegeben, einen ansprechenden nützlichen Text geschrieben und das Ganze mit einer tollen Grafik aufgepeppt. Jetzt fehlen Ihnen die Leser für Ihren Facebook-Post. Da entdecken Sie plötzlich einen kleinen blauen Button mit der Aufschrift „Beitrag bewerben". Auf den ersten Blick scheint dies eine naheliegende Option zu sein. Schließlich schreibt Facebook in der Erläuterung zu dem Button, dass Sie mit dieser Funktion „mehr Leser erreichen" können. Ja, das stimmt theoretisch sogar. Trotzdem sollten Sie diesen Button nicht nutzen. Wenn Sie ihn verwenden, stehen Ihnen deutlich weniger Möglichkeiten zur Verfügung, Ihre Kampagne auf Facebook zu konfigurieren. Zum Beispiel ist es mit diesem Button nicht möglich, Ihre Zielgruppe klar einzugrenzen oder ein manuelles Gebot für Ihre Kampagne festzulegen.

Ergebnis: Sie verbrennen Geld, weil Ihre Kampagne nicht präzise genug eingestellt werden kann. Benutzen Sie darum immer den Werbeanzeigenmanager von Facebook oder den Power-Editor. Warum Facebook diesen Button überhaupt eingebaut hat? Ein Schelm, wer Böses dabei denkt. Facebook verdient damit jedenfalls gutes Geld.

2.2.2. Sie wählen ein falsches Kampagnenziel aus

Machen Sie sich unbedingt Gedanken darüber, was Sie mit Ihrer Facebookkampagne erreichen wollen, bevor Sie sie einrichten und starten. Worum geht es Ihnen? Wollen Sie mit Facebook mehr Besucher für Ihre Webseite oder für Ihren Blog gewinnen? Oder möchten Sie mehr Newsletterabonnenten für Ihre E-mail-Liste aufbauen?

Bevor du eine Kampagne bei Facebook startest, solltest du dir immer Gedanken darüber machen, was du damit erreichen möchtest.

Sie müssen genau wissen, was Sie wollen. Denn an dieser Stelle wird immer wieder ein Fehler gemacht, der auf die Dauer teuer ist: Das Kampagnenziel und der bei Facebook ausgewählte Anzeigentyp passen nicht zusammen. Das hat fatale Auswirkungen auf die Optimierung und Auslieferung Ihrer Facebook-Werbekampagne. Wenn Sie beispielsweise neue Abonnenten für Ihren Newsletter gewinnen wollen und als Kampagnenziel „Klicks auf die Webseite“ bei Facebook auswählen, optimiert Facebook die Auslieferung Ihrer Anzeigen auf eine möglichst hohe Klickzahl und nicht auf Newslettereinträge. Nur weil ein Leser auf Ihren Link klickt, heißt das nämlich noch lange nicht, dass er deswegen auch das Anmeldeformular für den Newsletter ausfüllt. Eine Newsletteranmeldung ist eine Konversion. Und danach müssen Sie das Kampagnenziel auswählen. Die korrekte Einstellung lautet: „Steigere die Konversion auf deiner Webseite“.

2.2.3. Sie erstellen nur eine einzige Anzeige

Sie sind sich ganz sicher, dass Sie Ihre Zielgruppe in- und auswendig kennen und genau wissen, wie Ihre potentiellen Kunden ticken? Sie wissen hundertprozentig, was bei den Lesern Ihrer Webseite gut ankommt? Und deswegen glauben Sie, nur eine Anzeige wäre genug?

Ein klarer Fall von Selbstüberschätzung, eventuell mit einer Prise Faulheit. Sie können sich nie hundertprozentig sicher sein, dass ein Anzeigentext schon der Weisheit letzter Schluss ist und die optimale Leistung erbringt. Erstellen Sie immer und ausnahmslos mehrere verschiedene Anzeigentexte und testen Sie sie gegeneinander in Form eines A/B-Tests. Sie werden definitiv Überraschungen erleben und manchmal feststellen, dass Ihr ursprünglich favorisierter Anzeigentext längst nicht immer der ist, der am Ende auch die beste Konversionsrate erzielt.

Und variieren Sie nicht nur die Texte. Es lohnt sich, auch die Bilder einer Facebookkampagne zu variieren und gegeneinander zu testen. Natürlich macht das alles Arbeit, aber es lohnt sich.

2.2.4. Sie verwenden keine geeigneten Bilder für Ihre Facebookanzeigen

Die Konkurrenz um die Aufmerksamkeit der Nutzer ist unglaublich hart, egal ob bei Facebook oder bei Google. Sie haben nur einen Sekundenbruchteil Zeit, in dem sich ein Leser dazu entscheidet, ob er auf Ihre Anzeige klickt oder nicht. Es herrscht ein gnadenloser Kampf um diesen kurzen Moment Aufmerksamkeit und Sie können es sich nicht leisten, auf irgendetwas zu verzichten, was Ihre Chancen, angeklickt zu werden, verbessern könnte.

Dabei gibt es einen einfachen Trick, mit dem Sie die Aufmerksamkeit der Facebookuser auf Ihre Anzeigen lenken können: Verwenden Sie ansprechende und thematisch passende Bilder für Ihre Anzeige. Man sieht auf Facebook leider viel zu häufig Anzeigen, die mit nichtssagenden Grafiken oder unpassenden Stockfotos bestückt worden sind. Wenn Bilder und Aussage des Anzeigentextes keine harmonische Einheit bilden, kostet Sie das Klicks und die Effektivität der Kampagne geht in den Keller. Dabei muss das nicht sein. Es müssen nicht einmal kostenpflichtige Fotos sein. Es gibt genug Bezugsmöglichkeiten für kostenlose Bilder im Internet, die Sie für solche Anzeigen verwenden können.

Um die Aufmerksamkeit der User auf dich und deine Anzeigen zu lenken, gibt es einen einfachen Trick: Verwende ansprechende Anzeigenbilder.

Sie können die Effektivität Ihrer Facebookanzeigen noch weiter verbessern, indem Sie Ihre Anzeigenbilder mit einem Call-to-Action, einem Logo oder etwas Text anreichern. Hierbei aber bitte nicht übertreiben, denn zum einen wird es sonst unübersichtlich und die Lesbarkeit der Anzeige leidet, zum anderen dürfen Bilder von Facebookanzeigen nicht mehr als 20% Text enthalten. Benutzen Sie einfach die Rasterfunktion von Facebook, um zu überprüfen, ob Sie diesen Anteil eingehalten haben.

2.2.5. Tödlich: Sie haben Ihre Zielgruppe nicht klar definiert

Wahrscheinlich haben Sie selbst schon mehr als einmal eine Werbeanzeige gelesen, wo Sie sich gedacht haben: „Was soll das? Interessiert mich nicht!“

Leider schalten immer noch viele Unternehmen Anzeigen auf Facebook, ohne sich vorher ernsthafte und fundierte Gedanken darüber zu machen, wer mit der Anzeige überhaupt erreicht werden soll und wer nicht. Dabei bietet Facebook unglaublich präzise und ausgefeilte Einstellungsmöglichkeiten, um eine Zielgruppe exakt einzugrenzen und anzusprechen. Sie sollten diese Möglichkeiten, die Facebook bietet, unbedingt in vollem Umfang nutzen. Die genaue Auswahl der Zielgruppe ist eine der größten Trumpfkarten von Facebook gegenüber anderer Onlinewerbung wie beispielsweise Google Adwords.

Sie können Ihre Zielgruppe genau festlegen und anhand von Faktoren wie Alter, Geschlecht, Wohnort, Interessen, Verhalten und etlichen weiteren Parametern genauestens definieren. Und wenn Ihnen noch Wissen über Ihre Zielgruppe fehlt, so können Sie mit dem Tool Facebook Audience Insights (oder Zielgruppenstatistiken) mehr darüber herausfinden. Zum Beispiel können Sie die demografischen Merkmale oder die Interessen der Zielgruppe damit analysieren.

Je genauer es Ihnen gelingt, die Zielgruppe für Ihre Kampagne einzugrenzen, desto effektiver arbeitet die Kampagne und desto besser werden die Endergebnisse ausfallen.

Grundsätzlich gilt: Je relevanter die Anzeigen für deine Zielgruppe sind, desto besser die Ergebnisse.

2.2.6. Platzierungsfehler – nicht jede Anzeige passt an jeden Ort

Facebook bietet eine ganze Reihe von Platzierungsmöglichkeiten für Ihre Anzeigen. Aber längst nicht jede Platzierung passt auch zu Ihrer Zielgruppe.

Zur Zeit bietet Facebook folgende Platzierungsmöglichkeiten:

- Newsfeed Desktop bzw. Neuigkeiten auf Desktop-Computern
- Right Hand Side bzw. rechte Spalte auf Desktop-Computern
- Newsfeed Mobile bzw. Neuigkeiten auf Mobilgeräten
- Instagram
- Audience Network (innerhalb angeschlossener Partner-Apps)

Nicht jede dieser Platzierungsoptionen ist für alle Kampagnenziele gleichermaßen geeignet. Manche sind gut, manche weniger gut und manche gar nicht geeignet. Wenn Ihre Landingpage zum Beispiel nicht responsive und für die Benutzung mit mobilen Endgeräten eingerichtet ist, macht es auch keinen Sinn, Facebookanzeigen auf mobilen Endgeräten zu schalten.

Wählst du in einer Kampagne alle verfügbaren Placements aus, versucht Facebook deine Zielgruppe immer dort zu erreichen, wo sich diese gerade befindet. Und das wird in 70% bis 80% der Fälle auf mobilen Geräten sein.

Das ist z.B. dann nicht wirklich empfehlenswert, wenn die Konversionsrate deiner Website auf mobilen Geräten niedriger ist als am Desktop.

Aus diesem Grund macht es meist Sinn, die Zielgruppen anhand der verschiedenen Placements aufzusplitten. Damit hast du mehr Einfluss darauf, wo deine Anzeigen ausgesteuert werden.

Zum Beispiel: Erstelle eine Zielgruppe "Fans (Mobile)" und eine Zielgruppe "Fans (Desktop)". Anschließend kannst du die Budgets für diese Zielgruppen manuell planen und ggf. stärker auf Desktop-Computern aussteuern.

2.2.7. Sie nutzen keine Landingpage für Ihre Kampagne

Das ist unter allen Fehlern, die in diesem Kapitel vorgestellt werden, einer der Schlimmsten. Es gibt nichts Schlimmeres, als für teures Geld Anzeigen auf Facebook (gilt auch für Google) zu schalten, und einen Interessenten dann auf die Startseite Ihrer Homepage zu leiten, nachdem er auf Ihre Anzeige geklickt hat. Der betreffende Nutzer findet auf Ihrer Startseite nicht, wonach er gesucht hat, fühlt sich desorientiert und klickt woanders hin. Das Ergebnis: Geld weg, Interessent weg, außer Spesen nichts gewesen.

Erstellen Sie immer und ohne Ausnahme zu jeder Facebookanzeige eine eigens darauf zugeschnittene Landingpage, die Ihren Besucher in Empfang nimmt, nachdem er auf Ihre Anzeige geklickt hat. Die Landingpage muss natürlich perfekt auf das Thema der Anzeige zugeschnitten sein. Ihre Anzeige und die Landingpage müssen zusammenarbeiten wie zwei gut geölte Zahnräder. Der User muss sofort das Gefühl haben, am Ziel angelangt und die gesuchte Information gefunden zu haben. Das gilt auch für die optische Gestaltung. Stimmen Sie Farben, Bilder und Schriften von Landingpage und Facebookanzeige aufeinander ab, das verbessert die Konversionsrate zusätzlich.

2.2.8. Lassen Sie Ihre Kampagne nicht unbeaufsichtigt

Machen Sie nicht den Fehler, Ihre Facebook-Werbekampagne unbeaufsichtigt vor sich hin laufen zu lassen. Sehen Sie immer wieder nach und überprüfen Sie regelmäßig die Ergebnisse.

Die meisten Kampagnen haben so was wie eine begrenzte Lebensdauer und erreichen irgendwann einen Punkt, an dem die Performance zurückgeht. Wenn dieser Zeitpunkt gekommen ist, müssen Sie etwas unternehmen. Wenn Sie feststellen, dass die Klickraten vorhandener Anzeigen zurückgehen, dann gestalten Sie neue Anzeigen mit frischen Ideen, die Sie in Ihre Kampagne einbinden, und starten Sie das Spiel mit den A/B-Tests aufs Neue, bis es Ihnen gelungen ist, die Anzeigenleistung wieder auf Vordermann zu bringen.

2.2.9. Sie sind nicht auf dem Laufenden und ignorieren neue Anzeigenformate

Facebook hat ein enormes Innovationstempo. Die Plattform wird ständig weiterentwickelt. Es werden laufend neue Features in Facebook integriert und neue Inhalts- und Anzeigentypen entwickelt. Man kann da schnell den Überblick verlieren, wenn man sich nicht laufend damit befasst und die Entwicklung ständig im Auge behält.

Facebook ist laufend dabei, die Funktionen der Plattform zu verbessern, und Sie sollten nicht zögern, neue Entwicklungen umgehend zu adaptieren und an Ihrer eigenen Kampagne auszuprobieren. Wenn Sie als Erster neue Features in Ihre Facebookkampagnen integrieren, kann Ihnen das einen spürbaren Vorsprung gegenüber der Konkurrenz verschaffen.

Nehmen wir da z.B. die Carousel Ads. Dieses noch immer relativ neue Anzeigenformat zeigte nach seiner Einführung extrem gute Klickraten. Es war schlicht und einfach neu für die User. Oder kennen und nutzen Sie schon die neuen Canvas Ads?

2.2.10. Sie nutzen den Facebook Pixel nicht

Der Facebook-Pixel ist ein kleines (nur pixelgroßes), aber ausgesprochen mächtiges Element, mit dessen Hilfe Sie sehr genaue Messwerte zu den Ergebnissen Ihrer Facebook-Werbekampagnen ermitteln können. Mit dem Facebook-Pixel können Sie die Ergebnisse und Auswirkungen Ihrer Facebook-Kampagnen exakt messen. Sie können sogar Besucher Ihrer Webseite auf Facebook noch einmal mit Anzeigen ansprechen.

Der Facebook-Pixel ist die technische Basis für das Facebook Retargeting. Mit Hilfe des Facebook-Pixels werden die Facebook Website Custom Audiences erstellt.

Es ist kinderleicht: Der Facebook-Pixel wird mit nur wenigen Handgriffen auf Ihrer Webseite eingebaut. Ist der Pixel einmal implementiert, ermöglicht er von da ab ein umfangreiches und präzises Tracking jeder Facebook-Kampagne.

Zum Beispiel können Sie mit Hilfe des Facebook-Pixels mühelos feststellen, wie viele User etwas auf Ihrer Webseite gekauft haben, nachdem sie Ihre Anzeige bei Facebook gesehen haben oder inwieweit Ihre Kampagne zum Anstieg Ihrer Newsletteranmeldungen geführt hat. Alles, was Sie tun müssen, ist, den Facebook-Pixel auf Ihrer Webseite zu integrieren.

2.3. Die Wahl der richtigen Zielgruppe

Der Erfolg Ihrer Facebook-Werbung steht und fällt mit der Auswahl der richtigen Zielgruppe. Sie können bei Facebook mit sehr großer Präzision festlegen, wer Ihre Werbung zu sehen bekommt. Alter, Geschlecht, Wohnort, Interessen – Sie können eine potentielle Zielgruppe bei Facebook sehr genau eingrenzen. Seien Sie dabei so exakt wie möglich.

Die Versuchung ist groß, die Zielgruppe weiter zu fassen, z.B. statt aller 20- bis 25-jährigen Männer auch Frauen mit einzubeziehen oder auch Personen, die über 25 Jahre alt sind. Der Hintergedanke ist dabei meistens die Furcht, sonst eventuell den einen oder anderen Interessenten zu verlieren. Diese Furcht ist unbegründet. Wenn Sie die Zielgruppe bei Ihrer Facebook-Werbung zu weit fassen, verliert Ihre Kampagne an Effektivität und Sie verschwenden Geld. Definieren Sie Ihre Zielgruppe darum vor Beginn einer Facebook-Werbekampagne so exakt wie möglich und halten Sie sich dann beim Einrichten der Anzeigen genau an die Vorgaben, die Sie vorher ausgearbeitet haben.

2.4. Das richtige Budget

Wenn Sie Facebook-Werbung betreiben, erreichen Sie genau die richtigen Menschen, die für Ihr Unternehmen als Kunden interessant sind. Zumindest dann, wenn Sie bei der Auswahl Ihrer Zielgruppen alles richtig gemacht haben. Nun können Sie jeden Facebook-Post, jedes hochgeladene Foto und jedes geteilte Video mit einem Werbebudget versehen und auf diese Weise zusätzliche Reichweite auf Facebook erzielen. Die Frage ist, welches Budget ist das richtige? Wie viel sollen Sie investieren, um einen Facebook-Post zu bewerben? Bis wann lohnt sich die zusätzliche Ausgabe und in welchen Fällen handelt es sich um reine Geldvernichtung?

Wenn Sie mit bezahlter Facebook-Werbung beginnen und das erste Mal Acebook-Ads schalten, stehen Sie erst einmal völlig im Dunkeln.

Es ist kaum abzuschätzen, ob das veranschlagte Werbebudget zu hoch, zu niedrig oder genau richtig ist.

2.4.1. Wie Sie das richtige Budget für Ihre Facebook-Werbung finden

Zu Beginn wird es Ihnen schwerfallen, den richtigen Etat für Ihre Facebook-Werbung zu finden. Keine Frage, Facebook-Werbung ist um ein Vielfaches effektiver und kostengünstiger als konventionelle Werbung in Printmedien. Um die gleiche Menge an Menschen zu erreichen wie mit einem Printmedium (Zeitung, Zeitschrift) müssen Sie auf Facebook nur 8-10% dieses Etats einsetzen. Oder Sie erreichen mit dem gleichen Werbeetat wie auf einem Printmedium mehr als zehnmal so viele Menschen…

Facebook bietet ein enormes Potential verglichen mit herkömmlicher Werbung und es ist wesentlich kosteneffizienter.

Was du möchtest, sind konkrete Zahlen. Diese richten sich stark nach deinem Unternehmen. Als Einzelhändler mit unter 500.000€ Umsatz im Jahr und einer Post-Frequenz von ca. 3-4x pro Woche solltest du deine Beiträge mit jeweils 5 bis 8 Euro bewerben. Nutze dafür bitte immer den Werbeanzeigenmanager und nicht den Button unter deinem Post, das kann die Kosten ggf. enorm erhöhen.

Bei größeren Unternehmen, die gezielt Kampagnen auf Facebook schalten, sollten die Budgets am Anfang beim Minimum gehalten werden – zwischen 1 und 5 Euro pro Tag. Dafür sollten aber mehrere Kampagnen gleichzeitig laufen und mit dem gleichen Budget beworben werden. Nach einer Zeit kannst du dann schauen, welche Kampagne am erfolgreichsten war und diese mit entsprechend höherem Budget bewerben. Je nachdem, wie hoch der ROI ist, kannst du deine Preise dann anpassen – oft ist eine Preissenkung drin.

3.0. Eine Strategie entwickeln

Die entscheidende Voraussetzung für einen durchschlagenden Erfolg beim Facebook-Marketing ist eine in sich geschlossene, konsistente Marketing-Strategie. Wir sollten niemals vergessen, dass wenigstens jeder dritte Deutsche auf Facebook aktiv ist. Damit ist das Netzwerk ein unverzichtbarer Marketingkanal für Unternehmen, Freiberufler und Selbstständige geworden. Insbesondere Unternehmen, die im B2C-Geschäft tätig sind (also Geschäfte zwischen Unternehmen und Endverbraucher machen), haben auf Facebook fantastische Möglichkeiten, um mit ihrer Zielgruppe zu kommunizieren. Sie haben die Möglichkeit, direkt auf ihre spezifische Zielgruppe zuzugehen und sie dort abzuholen, wo sie steht – ein einmalige Möglichkeit, die kein anderes Medium in dieser Form bietet.

Damit Facebook-Marketing erfolgreich ist, sollte es von Beginn an strategisch geplant werden, um eine optimale Wirkung zu erzielen. Als Unternehmen können Sie es sich nicht leisten, Zeit und Geld mit Maßnahmen zu verschwenden, die am Ende nicht die gewünschten Resultate bewirken und nicht zielführend sind.

Wir möchten darum an dieser Stelle aufzeigen, wie Sie das in den vorigen Kapiteln aufgezeigte Detailwissen zu gezieltem, strategischem Handeln zusammenfassen, um eine geschlossene Strategie für das Facebook-Marketing Ihres Unternehmens zu entwickeln. Der folgende 5-stufige Plan wird Ihnen anhand eines Beispiels zeigen, wie man für ein kleines bis mittleres B2C-Unternehmen eine Facebook-Marketing-Strategie aufsetzt.

3.1. Wer ist Ihre Zielgruppe?

Schritt eins ist das Definieren der Zielgruppe. Sie sollten diesem Part besonders viel Aufmerksamkeit widmen und versuchen, die Zielgruppe (bzw. unterschiedlichen Zielgruppen für mehrere Produkte oder Dienstleistungen) Ihres Unternehmens einzugrenzen.

Wer ist der typische Kunde für Ihre Produkte? Wie tickt Ihr Kunde, was sind seine Hobbies und Interessen? Was für Wünsche, Ängste und Bedürfnisse hat er? Es ist eine gute Idee, wenn Sie an dieser Stelle einen sogenannten Business-Avatar erstellen. Also ein genaues Profil Ihres Kunden anhand einer fiktiven Beispielsperson, die alle typischen Merkmale Ihrer Zielgruppe vereint. Es gibt Merkmale, die bekannt sein sollten. Sie sollten die typischen Eigenschaften Ihrer Zielgruppe in- und auswendig kennen, wie z.B. durchschnittliches Alter, soziale Lage, Familienstand, Geschlecht usw.

Wie ticken die Menschen in Ihrer Zielgruppe? Sind es jugendliche Dauernutzer, die ihr ganzes Leben bis ins letzte Detail auf Facebook ausbreiten und denen datenschutzrechtliche Überlegungen völlig fremd und gleichgültig sind? Oder benutzen Ihre Kunden das Internet nur für bestimmte Aufgaben und stehen sozialen Netzwerken eher skeptisch gegenüber? Gibt es in diesem Fall vielleicht Vorbehalte in puncto Datenschutz? Dann müssen Sie auf maximale Transparenz achten und auf Multiplikatoren zur Verbreitung Ihrer Facebookbotschaften setzen.

Erst durch die genaue Recherche mit der präzisen Beschreibung, die wir anschließend erstellt haben, wird wirklich klar, für wen wir das Facebook-Marketing eigentlich betreiben. Danach richtet sich, für wen wir die Posts auf der Facebook-Seite schreiben, und wen wir mit unserem Titel und Profilbild emotional ansprechen wollen. Formulieren Sie diese Erkenntnisse unbedingt schriftlich und erstellen Sie ein umfassendes Profil Ihres Business-Avatars. So können Sie später immer wieder darauf zurückgreifen und sich diese Erkenntnisse ins Gedächtnis rufen, wenn Sie die inhaltlichen Konzepte für Ihre Facebook-Seite erstellen.

3.2. Multiplikatoren

Multiplikatoren sind ein wichtiger Faktor bei jeder Facebook-Strategie. Sie sind Meinungsführer, die in den sozialen Medien über eine hohe Reichweite verfügen. Beispielsweise Blogger, die populäre Blogs mit vielen Lesern betreiben. Diese Multiplikatoren genießen viel Vertrauen und Ansehen bei ihren Lesern und verfügen über eine hohe Reichweite in den sozialen Netzwerken. Sie können großen Einfluss darauf haben, wie ein Unternehmen wahrgenommen wird. Sie können wichtige Freunde für Ihr Unternehmen, aber auch gefürchtete Kritiker sein, die Sie ernsthaft in Bedrängnis bringen.

Diese einflussreichen Meinungsführer können entscheidend dazu beitragen, dass Ihr Facebook-Marketing ein großartiger Erfolg wird. Bevor Sie Ihre Kampagne starten und planen, sollten Sie daher alle für Ihr Unternehmen wichtigen Multiplikatoren ausfindig machen. Das sind alle Betreiber von Blogs oder Facebook-Seiten und -Gruppen, die die gleiche Zielgruppe haben wie Sie.

Sehen wir uns dazu das folgende Beispiel an.

Nehmen wir an, Sie möchten ein Tattoo-Studio in einem Szeneviertel in Hamburg eröffnen. Sie haben noch keinen festen Kundenstamm und müssen jetzt versuchen, Multiplikatoren zu finden, die Ihnen dabei helfen können, die Reichweite Ihrer Facebook-Seite zu erhöhen.

Nach umfangreicher Recherche stoßen Sie schließlich auf einen Blogger, der in seinem Stadtteilblog über alles berichtet, was in dem Viertel so passiert, wo Sie Ihr Tattoo-Studio eröffnen wollen. Dieser Blogger hat an die 8.000 Facebookfans und bedient genau Ihre Zielgruppe mit seiner Leserschaft, nämlich die Bewohner des Szene-Viertels in Hamburg, in dem Sie Ihr Tattoo-Studio eröffnen möchten.

Idealerweise finden Sie noch weitere Multiplikatoren. Eventuell finden Sie einen weiteren Blogger, der sich speziell mit Tattoo-Studios in Hamburg oder in Norddeutschland beschäftigt. Oder Sie finden eine Facebookgruppe zum Thema „Tätowierungen und Piercings“. Je mehr Multiplikatoren Sie ausfindig machen können, desto besser. Aber Sie brauchen sich nicht zu verzetteln. Beschränken Sie sich auf die, die auch eine ausreichende Reichweite haben. Ein Blog, der nur eine Handvoll Leser hat, ist kein relevanter Multiplikator. Halten Sie sich an die Platzhirsche auf ihrem jeweiligen Gebiet.

Im nächsten Schritt müssen Sie die diversen Multiplikatoren auf sich aufmerksam machen. Kontaktieren Sie sie. Laden Sie den Stadtteilblogger in Ihr Tattoo-Studio ein. Er wird sich über alle interessanten Neuigkeiten freuen, die er in seinem Blog veröffentlichen kann. Das Gleiche gilt für Blogger, die sich explizit mit Tätowierungen und Körperkunst beschäftigen. Hier könnten Sie auch eine kostenlose Arbeitsprobe anbieten.

Wichtig ist, dass Sie möglichst viele Meinungsmacher für sich gewinnen und eine positive Darstellung Ihres Unternehmens erreichen. Meistens ist das gar nicht so schwer. Aber denken Sie daran: Bringen Sie keine Influencer gegen sich auf – wenn sich ein einflussreicher Meinungsmacher gegen Sie wendet, kann das Ihre Facebookbemühungen ganz besonders zu Anfang ganz erheblich erschweren und Ihre Facebook-Kampagne ins Stocken bringen. Im allerschlimmsten Fall können solche Leute auch einen Shitstorm gegen Ihr Unternehmen lostreten. Zum Glück sind so etwas aber Ausnahmefälle, die selten auftreten und nicht die Regel sind.

3.3. Was wollen Sie mit Ihrer Facebook-Seite erreichen?

Es gibt eine ganze Reihe von potentiellen Zielen, die Sie mit Ihrer Facebook-Seite erreichen können. Um einmal ein paar Beispiele zu nennen:

- Neukunden gewinnen
- Vorhandene Kunden an Ihr Unternehmen binden
- Den Umsatz steigern
- Die Bekanntheit Ihres Unternehmens steigern
- Das Unternehmens-Image verbessern
- Besseren Service und Kundennähe bieten
- Kunden um Produktvorschläge und -verbesserungen bitten

- (Mehr) Traffic auf der Internetseite erhalten
- Bessere Auffindbarkeit bei Google erzielen
- Sich als Experte positionieren
- Personal suchen
- Positive Mundpropaganda nutzen

Sehr wahrscheinlich wird nicht jedes der hier aufgeführten Ziele für Ihr Unternehmen in gleichem Maße relevant sein. Definieren Sie selbst, welche Ziele für Ihr Unternehmen von Bedeutung sind. Die Liste erhebt dabei keinen Anspruch auf Vollständigkeit, es kann durchaus sein, dass Ihnen noch weitere Ziele einfallen, die in der vorangegangenen Aufzählung fehlen. Sie brauchen eine klare Definition Ihrer Ziele auf Facebook. Sie müssen wissen, für WEN Sie Ihre Facebook-Seite betreiben und klar definieren, WAS Sie damit erreichen wollen. Nur mit klar definierten Zielen können Sie eine Content-Strategie entwickeln, die messbare Ergebnisse liefert, und die Sie strategisch steuern können, um Ihre Ergebnisse zu verbessern.

Nur durch eine klare Definition deiner Ziele kannst du geeignete Content-Strategien entwickeln, deine Erfolge auch messen und ggf. strategisch umsteuern.

3.4. Erstellen Sie eine optimale Facebook-Seite für Ihr Unternehmen (Fanpage)

Erstellen Sie nun die eigentliche Facebook-Fanpage für Ihr Unternehmen.

- Sollten Sie mehrere Social-Media-Profile für Ihr Unternehmen angelegt haben, dann achten Sie in besonderem Maße auf Konsistenz bei Namen, URL und Seitenname. Sie verbessern damit die Auffindbarkeit der Profile durch Suchmaschinen.

- Achten Sie darauf, dass Sie alle wichtigen Informationen im Beschreibungstext Ihrer Facebook-Seite einbauen. Vergessen Sie auf keinen Fall, auf Ihre Unternehmenswebseite zu verlinken und sagen Sie dem Interessenten, dass er Fan Ihrer Facebook-Seite werden soll und was er davon hat.

Nutzen Sie alle Kanäle, um Ihre Facebook-Seite bekannt zu machen.

Ihre Facebook-Seite gehört unbedingt mit in Ihre E-mail-Signatur. Wichtig ist auch die Verknüpfung der Facebook-Seite mit Ihrer Webseite oder Ihrem Blog. Betreiben Sie E-mail-Marketing mit einer Liste, dann gehört Ihre Facebook-Seite natürlich auch in die Signatur Ihrer Newsletter.

3.5. Was Sie auf Ihrer Facebook-Seite kommunizieren

Natürlich brauchen Sie Inhalte für Ihre Facebook-Seite. Wenn Sie sich fragen, mit welchen Inhalten Sie Ihre Facebook-Seite füllen sollen, dann denken Sie zunächst wieder an Ihre Zielgruppe. Denken Sie daran, was Menschen auf Facebook suchen: Unterhaltung, Informationen, Gewinnspiele, Rabatte. Denken Sie daran, dass direkte Werbung von den wenigsten Nutzern gern gesehen wird. Posten Sie Informationen mit echtem Mehrwert, und Sie können davon ausgehen, dass Ihre Facebookpostings geteilt werden und sich wie von selbst verbreiten. Versuchen Sie, von den viralen Effekten der sozialen Netzwerke zu profitieren, und schaffen Sie Content, der Menschen zum Teilen animiert.

Facebook ist ein großartiges Tool zur Kundenbindung und kann so etwas wie das Online-Äquivalent zur Mund-zu-Mund-Propaganda im Internet darstellen. Kunden können direkt mit Ihnen und untereinander in Kontakt treten und ihre Erfahrungen austauschen. Weder im Internet noch im Offline-Leben gibt es eine bessere Werbung als zufriedene Kunden, die ihre positiven Erfahrungen mit Ihrem Unternehmen per Mund-zu-Mund-Propaganda weitertragen.

4.0. Wie Sie richtig mit Angriffen umgehen

Leider müssen Sie beim Betrieb einer Facebook-Seite auch mit Störenfrieden rechnen. Unzufriedene Kunden können ebenso negative Beiträge schreiben wie Trolle. Ja, im schlimmsten Fall kann sich sogar ein sogenannter Shitstorm über Sie und Ihr Unternehmen ergießen und Sie werden plötzlich von allen Seiten angefeindet, verspottet und mit den absurdesten Vorwürfen überhäuft.

Zum Glück gibt es auch für solche Ereignisse erprobte Strategien, mit denen Sie die Situation wieder in den Griff bekommen. Wir wollen uns im folgenden Kapitel ansehen, was ein Troll ist, und wie Sie am effektivsten mit diesen lästigen Plagegeistern fertig werden. Außerdem werden wir uns damit befassen, wie ein Shitstorm entsteht und wie Sie ihn heil überstehen.

4.1. Trolle und andere unangenehme Zeitgenossen

Wenn Sie Ihre Facebook-Seite eine Weile betreiben, werden Sie feststellen, dass es im Internet nicht nur freundliche Zeitgenossen gibt, sondern wie im wirklichen Leben auch unangenehme Menschen. Quasi das virtuelle Gegenstück zu Vandalen, die aus purer Zerstörungslust Schaden anrichten wollen. Eine besonders typische Spezies dieser Menschen ist der Social-Media-Troll. Trolle sind unangenehme Zeitgenossen. Und leider sind sie nicht immer harmlos. Trolle können die Online-Reputation eines Unternehmens ernsthaft schädigen, wenn man nicht angemessen auf sie reagiert.

Das Repertoire der Trolle reicht von Verleumdungen, Provokationen und Beschimpfungen bis hin zu krankhaften und psychopathischen Drohungen. Trolle wollen negative Emotionen verbreiten und Hass streuen, und sie lieben nichts mehr als Aufmerksamkeit. Aber sehen wir uns das Problem einmal genauer an. Was ist ein Troll und wie können Sie sinnvoll darauf reagieren, wenn Ihr Unternehmen oder Ihre Marke auf Facebook mit Trollen konfrontiert werden?

4.1.1. Was genau ist ein Social-Media-Troll?

Als Troll wird ein Mensch bezeichnet, der bewusst andere im Internet provoziert. Das geschieht meistens durch beleidigende, provozierende oder aufhetzende Kommentare. Der Troll will andere aufregen, zur Weißglut treiben und dazu bringen, die Beherrschung zu verlieren. Er ist in seinem Element, wenn es ihm gelingt, andere User zu emotionalen und wütenden Antworten zu provozieren. Sie wollen Hass, Unfrieden und Streitereien und anderen Menschen mit dem Verbreiten negativer Emotionen schaden. Um dieses Ziel zu erreichen, werden Trolle andere wüst beschimpfen, persönlich angreifen und dabei auch nicht vor Attacken unter die Gürtellinie zurückschrecken. Sie geben Hasstiraden und abstruse Drohungen von sich, bis hin zu Todesdrohungen.

Aber Achtung: Nicht jeder wütende Kommentator oder Poster ist ein Troll. Es gibt Menschen, die einfach nur wütend sind, schlechte Erfahrungen gemacht haben (vielleicht auch mit Ihrem Unternehmen) und die den Wunsch haben, sich mitzuteilen. Nicht jeder, der Ihnen energisch widerspricht oder Ihr Unternehmen kritisiert, ist ein Troll. Diese Menschen haben ein mehr oder weniger berechtigtes Anliegen (zumindest aus ihrer Sicht) und glauben, was sie schreiben. In vielen

Fällen lassen diese Nutzer auch mit sich reden, wenn sie ihren Ärger erst einmal abgelassen und sich abreagiert haben. Nicht so der Troll. Trolle glauben wahrscheinlich gar nichts von dem, was Sie schreiben. Sie wählen ihre Worte einfach danach aus, wie sie andere mit größtmöglicher Wahrscheinlichkeit aus der Fassung bringen und die Nerven verlieren lassen können. Trolle sind genau genommen Online-Mobber.

4.1.2. Wo Sie mit Trollen rechnen müssen

Leider finden Sie Trolle praktisch überall im Internet, wo eine Form von öffentlicher Interaktion möglich ist. Überall, wo gepostet und kommentiert werden kann, finden sich auch Trolle. Wenig überraschend: Sie lieben es, aus der Anonymität heraus zu agieren. Aus diesem Grund sind Trolle auf Facebook zum Glück etwas weniger verbreitet als auf anderen sozialen Medien wie Twitter. Facebook verlangt die Benutzung von Klarnamen, das wirkt sich auf die Troll-Aktivitäten zum Glück etwas dämpfend aus.

Trotzdem müssen Sie überall im Internet mit Trollen rechnen – auch auf Facebook. Wichtig ist, dass Sie Trolle von echten verärgerten Kunden unterscheiden können.

4.1.3. Wie unterscheiden wir einen Troll von einem verärgerten **Kunden?**

Ein guter und effizient arbeitender Kundenservice sollte unbedingt auch auf Ihrer Facebook-Seite stattfinden. Sie werden Fragen und Beschwerden von Kunden über Facebook bekommen und jeder kann sowohl diese Anfragen lesen als auch Ihre Reaktion darauf. Kundenservice auf Facebook bietet Ihnen darum großartige Chancen, um Ihr

Unternehmen positiv darzustellen, wenn Sie diese Anfragen immer zeitnah, professionell und kundenfreundlich bearbeiten. Im Gegenzug liegt hier natürlich ein großes Einfallstor für Trolle, die ernsthaften Schaden an Ihrer Reputation verursachen können, wenn Sie sich zu unpassenden Reaktionen verleiten lassen.

Sie müssen unbedingt unterscheiden können, ob jemand ein Troll ist oder ein echter Kunde, der eine zumindest aus seiner Sicht berechtigte Beschwerde vorzubringen hat. Es ist nicht immer einfach, den Unterschied zwischen ihnen zu erkennen, denn in beiden Fällen werden Sie es mit einem wütenden Tonfall zu tun bekommen.

Sie können aber herausfinden, womit Sie es zu tun haben, wenn Sie den wütenden Ton erst einmal ignorieren und stattdessen genau hinhören, was derjenige zu sagen hat. Pöbelt er einfach nur herum und beschimpft Ihr Unternehmen, stellt er abstruse Behauptungen auf, um Sie mit Dreck zu bewerfen, oder hat er eine konkrete Beschwerde über ein Produkt, einen Mitarbeiter oder sonst etwas? Wenn der Kommentator etwas Konkretes auszusetzen hat und man den Ärger ganz klar an einem Produkt, Ihrem Kundendienst oder sonst etwas Unternehmensspezifischem festmachen kann, dann ist die Wahrscheinlichkeit hoch, dass Sie es mit einem echten Kunden zu tun haben, der unzufrieden mit Ihren Leistungen ist. Mit etwas Glück können Sie das Problem dieses Kunden lösen. Hören Sie sich in aller Ruhe an, was er zu sagen hat, äußern Sie Ihr Verständnis für seinen Unmut und tun Sie dann Ihr Möglichstes, um die Sache im Sinne des Kunden aus der Welt zu schaffen. Wenn es sich um einen echten Kunden handelt, wird dies schnell zum Erfolg führen und der vormals verärgerte Kunde wird vielleicht sogar zu einem Fan Ihres Unternehmens.

Bei einem Troll werden Sie dagegen feststellen, dass alle Bemühungen vollkommen zwecklos sind. Trolle geben nicht auf und lassen sich weder mit Vernunft noch mit gutem Willen von ihrem Tun abbringen. Sie sind gar nicht an einer Lösung interessiert, sondern wollen Sie in einen Kampf verwickeln, den niemand gewinnen kann. Trolle geben erst auf, wenn sie sich langweilen oder dazu gezwungen werden.

Unzufriedene Kunden und Trolle haben allerdings eines gemeinsam: Sie wollen unbedingt beachtet werden.

4.1.4. Fünf Anzeichen, dass Sie es mit einem Troll zu tun haben könnten

Der Ratschlag ist nicht neu und die Standard-Behandlung für Trolle: „Trolle soll man nicht füttern". Aber das ist leichter gesagt als getan, wenn Sie nicht wissen, ob es sich tatsächlich um einen Troll handelt oder vielleicht doch nur um einen unzufriedenen Kunden. Auf das Bauchgefühl ist dabei leider kein hundertprozentiger Verlass. Häufig neigen wir dazu, Personen ernst zu nehmen, bei denen es sich in Wirklichkeit um Trolle handelt – und dann vergeuden wir viel Zeit und Energie damit, uns mit ihnen zu befassen, nur um dann irgendwann festzustellen, dass alles vergebliche Liebesmüh war.

Zum Glück gibt es 5 Merkmale, an denen Sie einen Troll mit hoher Wahrscheinlichkeit als solchen identifizieren können:

1. Trolle versuchen, emotionale Antworten hervorzurufen und Sie aus der Fassung zu bringen

Dieses Verhalten ist sozusagen die Basisdefinition eines Trolls. Trolle wollen andere Menschen aufregen und sie aus der Fassung bringen.

Wenn jemand auf Ihrer Facebook-Seite offensichtlich absichtlich Ärger verbreiten will – zum Beispiel, indem er Streit anfängt oder gezielt verleumdende und verhetzende Inhalte postet – dann haben Sie es mit hoher Wahrscheinlichkeit mit einem Troll zu tun.

Das ist wortwörtlich Bestandteil der Troll-Definition. Daher ist dieses Verhalten ein guter Basisindikator für „Trollerei“. Trolle leben nur dafür, andere Menschen aufzuregen. Wenn Sie jemanden entdecken, der absichtlich Ärger zu verursachen scheint – entweder, indem er Streit anfängt oder gezielt aufhetzende Inhalte postet – wird das sehr wahrscheinlich ein Troll sein. Wenn Sie also feststellen, dass Sie in einer Social-Media-Diskussion emotional werden, halten Sie inne und fragen Sie sich, ob es irgendwelche Anzeichen dafür gibt, dass Ihr Gegenüber nicht aufrichtig ist.

2. Anspruchsdenken, stark egozentrisches Verhalten

Trolle kümmern sich nicht im Mindesten um die Gefühle anderer und sind im Allgemeinen vollkommen selbstzentriert. Sie zeigen keine Empathie und kein Interesse an dem, was andere Diskussionsteilnehmer beizutragen haben. Trolle drehen sich um sich selbst und wollen ausschließlich andere beeinträchtigen.

3. Maßlose Übertreibungen

Trolle haben eine starke Neigung zu Übertreibungen und benutzen gerne starke, verallgemeinernde Worte wie „niemals“, „alle“, „immer“, „jeder“.

Wahrscheinlich, weil solche Pauschalisierungen gut dazu geeignet sind, zu provozieren und zusätzliches Öl ins Feuer zu gießen.

4. Trolle werden immer persönlich

Trolle haben keine Neigung und kein Interesse, ein Thema sachlich zu diskutieren – sie sind ja gar nicht am Thema als solchem interessiert, sondern wollen den Gegner persönlich angreifen. Anstatt zu argumentieren, greifen Trolle ihren Gegner persönlich an und versuchen, ihn persönlich zu diskreditieren, seinen Charakter in den Schmutz zu ziehen und den Gegner auf sein Niveau herunterzuziehen. Ein deutliches Warnsignal ist das häufige Verwenden von Schimpfwörtern.

5. Schlechte Rechtschreibung und Grammatik

Trolle beherrschen häufig ihre Muttersprache nur eingeschränkt und fallen durch ihre miserable Rechtschreibung und Grammatik auf. Sie lieben es, in VERSALIEN ZU SCHREIBEN, verzichten gerne auf Interpunktion und manchmal auf Groß-Klein-Schreibung. Sie schreiben bruchstückhafte Sätze, ignorieren Rechtschreibregeln und benutzen mehr Schimpfwörter als normale User. Nicht jeder Kommentator mit einer schlechten Rechtschreibung ist zwingend ein Troll, aber ungewöhnlich viele Trolle haben ein niedriges Sprachniveau und eine schlechte Rechtschreibung.

4.1.5. Strategien für den Umgang mit Trollen in den sozialen Medien – und warum sie funktionieren

Nehmen wir an, Sie haben festgestellt, dass Sie tatsächlich von einem Troll belästigt werden. In der folgenden Liste lernen Sie ausführlich 6 nützliche Strategien kennen, mit denen Sie einem Troll erfolgreich begegnen können. Behalten Sie dabei im Hinterkopf, dass die Wahl der jeweiligen Abwehrstrategie zu Ihrem Unternehmen und Ihrer Marke passen muss und dass die Wahl der richtigen Abwehrstrategie immer auch von der konkreten Situation abhängig ist.

1. Zuhören und Fehler korrigieren

Dieser Schritt passt immer und ist nie falsch, ganz egal ob es sich nun um einen unzufriedenen Kunden oder um einen echten Troll handelt, der Ihnen auf Facebook auf die Pelle rückt. Hören Sie sich in aller Ruhe an, was Ihnen derjenige zu sagen hat. Falls Sie wirklich einen Fehler gemacht haben, dann korrigieren Sie ihn. Informieren Sie den Betroffenen darüber, was schiefgelaufen ist und was Sie unternommen haben bzw. unternehmen werden, um die Sache zu regeln. Wenn Sie es wirklich mit einem verärgerten Kunden zu tun haben, dann wird dieser es zu schätzen wissen, wenn Sie ihm zuhören und sich ernsthaft um sein Anliegen kümmern. Wenn Sie die Sache gut machen, wird der Beschwerdekunde zu einem zufriedenen Kunden und vielleicht sogar zu einem Fan.

Falls es sich um einen Troll handelt, haben Sie der Kunden-Community dennoch demonstriert, dass Sie Beschwerden ernst nehmen und sich auf professionelle Weise darum kümmern. Außerdem merkt der Troll, dass Sie sich nicht so einfach irritieren und aus dem Konzept bringen lassen, wie er sich das gewünscht hätte. Das alleine kann ihn schon demotivieren und lässt den Troll eventuell die Lust verlieren.

Jeffrey Hayzlett erklärt in seinem Entrepreneur-Artikel ‚Der Kampf gegen Trolle, Spammer und Unruhestifter im Internet': „Unternehmen steuern ihr Schicksal und den Ruf ihrer Marke in den sozialen Medien. Der Kunde mag nicht immer recht haben, aber er wird immer gehört werden. Hören Sie Ihren Kunden zu, und werden Sie aktiv. Sie werden das Engagement mit jedem positiven Schritt vorantreiben, Follower dazugewinnen und Markentreue aufbauen“.

2. Ignorieren - „don´t feed the Troll“

Wenn Sie das Pech haben und sich tatsächlich einen Troll eingefangen haben, gibt es eine Reaktion, die immer richtig und sozusagen die Standardbehandlung im Umgang mit Trollen ist: Ignorieren Sie den Störenfried. Die Theorie dahinter: Trolle wollen Aufmerksamkeit. Wenn Sie die Trolle ignorieren und sich weigern, ihm diese Aufmerksamkeit zu schenken, entziehen Sie ihm seine Lebensenergie. Der Troll wird sich trollen und versuchen, irgendwo anders Unfrieden zu stiften, wenn er die gewünschte Aufmerksamkeit bei Ihnen nicht bekommt. Das kann hervorragend funktionieren. Allerdings kann diese Strategie auch versagen, wenn Sie dem Troll zwar keinerlei Aufmerksamkeit schenken, sich aber stattdessen andere Besucher Ihrer Facebook-Seite von ihm provozieren lassen und ihn mit Antworten – ergo Aufmerksamkeit – belohnen.

Wenn es so weit gekommen ist, brauchen Sie eine andere Strategie, denn mit Ignorieren ist die Situation jetzt nicht mehr zu kontrollieren. Nutzen Sie stattdessen eine der folgenden Strategien. Sie müssen jetzt auf irgendeine Weise reagieren, um Schaden abzuwenden.

3. Die Macht der Fakten

Wenn Ihr Troll zu der Sorte gehört, die Gerüchte und Verleumdungen im Internet verbreitet und Sie mittels gezielter Falschinformationen mit Dreck bewirft, dann können Sie Folgendes versuchen. Damit diese Strategie funktioniert, ist ruhiges und selbstbewusstes Auftreten wichtig. Vermeiden Sie unbedingt jeden defensiven Unterton. Antworten Sie dem Troll sachlich und deutlich und korrigieren Sie alle Falschinformationen, die er auf Ihrer Facebook-Seite verbreitet hat. Diese Antwort schreiben Sie eigentlich nicht für ihn – wie wir wissen, sind Trollen Fakten vollkommen egal. Der eigentliche Adressat dieser Antwort sind die anderen Leser in Ihrer Facebook-Community. Demonstrieren Sie allen, dass Sie sich nicht aus der Ruhe bringen lassen und die besseren Argumente haben. Damit setzen Sie den Troll schachmatt.

Apple hat diese Strategie im Rahmen von #BendGate meisterhaft umgesetzt. Alles begann mit dem Video eines sich verbiegenden iPhone 6, das sich wie ein Steppenbrand in den sozialen Netzwerken verbreitete.

Das Video breitete sich wie ein Lauffeuer aus und wurde millionenfach gesehen und geteilt. Selbstverständlich stieg das gesamte Internet auf dieses Video ein und erzeugte unglaubliche Mengen an Witzen, Scherz-Comics und Memes.

Apple gab als Antwort folgende Stellungnahme ab: „Bei normalem Gebrauch tritt das Verbiegen bei einem iPhone äußerst selten auf. Während der ersten sechs Tage im Handel haben sich insgesamt neun

Kunden wegen eines verbogenen iPhone 6 Plus bei Apple gemeldet. Wie bei jedem Apple-Produkt gilt auch hier: Wenn Sie Fragen haben, wenden Sie sich bitte an Apple“.

Apple hat damit alles richtig gemacht, was man in dieser Situation richtig machen konnte. Anstatt gar nicht erst zu versuchen, das Problem zu leugnen oder klein zu reden, hat Apple das Problem bestätigt, um das Ganze dann mit Hilfe von Fakten in das richtige Licht zu rücken. Es wird klar gemacht, dass verbogene iPhones verschwindend selten auftreten und es wird deutlich, dass Apple ein offenes Ohr für die Anliegen seiner Kunden und das Problem nicht auf die leichte Schulter genommen hat.

4. Humor ist, wenn man trotzdem lacht…

Eine weitere Strategie, um mit Trollen fertig zu werden, ist Humor. Leider ist der Einsatz von Humor in der Praxis nicht ganz einfach, obwohl die Strategie sehr wirkungsvoll sein kann. Sollten Sie zu den Menschen gehören, die einfach keinen Sinn für Humor haben und sich nicht eben durch große Schlagfertigkeit auszeichnen, dann ist diese Strategie möglicherweise für Sie nicht geeignet. Es ist wichtig, dass Sie keine flachen Witze reißen, sondern wirklich mit intelligentem Humor kontern. Anderenfalls kann der Schuss nach hinten losgehen und Sie bekommen womöglich noch mehr negative Posts, was ja nicht im Sinne des Erfinders ist. Nutzen Sie diese Strategie aber nur dann, wenn sie zur Markensprache passt und Sie sicher sind, dass Sie mit einer entsprechend humorvollen Antwort durchkommen. Ist das nicht der Fall, sollten Sie eine andere Strategie wählen. Es gibt nichts

Schlimmeres als einen Witz, der nicht ankommt (und möglicherweise zu weiterer Trollerei führt).

5. Sperren oder ausschließen, wenn es angebracht ist

Es gibt manchmal Situationen, wo energisches Durchgreifen erforderlich ist. Wenn Trolle zu weit gehen, strafrechtlich relevante Beiträge schreiben, Drohungen und Hasstiraden von sich geben, dann kann es besser sein, die betreffende Person zu sperren und weitere Postings des Trolls damit zu unterbinden. Bei bestimmten strafrechtlich relevanten Hass-Postings müssen Sie sogar tätig werden. Melden Sie den fraglichen Nutzer ggf. auch bei Facebook, um ihn dort sperren zu lassen.

Was Sie bei Ihrer Reaktion auf Trolle vermeiden sollten

Es gibt bestimmte Tabus, die Sie im Umgang mit Trollen unbedingt einhalten sollten. Tappen Sie nicht in die Falle und füttern die Trolle.

Halten Sie Distanz und lassen Sie den Troll nicht an sich herankommen

Das ist ausgesprochen wichtig, aber leichter gesagt als getan, vor allem wenn sich die Troll-Posts persönlich anfühlen. Trolle wollen Sie persönlich treffen, um Sie dann Ihrerseits zu unpassenden Reaktionen herauszufordern. Lassen Sie sich nicht provozieren und bleiben Sie ruhig und freundlich.

Vergelten Sie nicht Gleiches mit Gleichem

Natürlich fühlt man sich schnell verletzt und angegriffen, wenn ein Troll Sie oder Ihre Marke attackiert. Lassen Sie sich in keinem Fall in die Defensive drängen. Wenn Sie eine Abwehrhaltung einnehmen und womöglich wütend werden, spielen Sie dem Troll in die Hände. Sie lassen sich damit auf sein Niveau herab und der Troll hat sein Ziel erreicht.

Löschen Sie keine Troll-Postings

Dieser Ratschlag mag Sie etwas überraschen, aber es ist tatsächlich besser, wenn Sie Troll-Postings nicht löschen. Das Löschen von Troll-Postings kann zu einer Eskalation führen.

Einen Troll-Post zu löschen kann eine Eskalation des Troll-Verhaltens auslösen. In der Stanford-Cornell-Studie fanden die Forscher heraus, dass „extreme Maßnahmen schon gegen kleine Regelverstöße unsoziales Verhalten verschlimmern". Sie erklären das folgendermaßen: „Nehmen wir an, zwei Nutzer schreiben anfangs Posts mit ähnlichem Charakter, aber die Posts des einen Nutzers werden ‚unfairerweise' gelöscht, während die des anderen stehenbleiben. Ersterer wird in Zukunft vermutlich eher noch bösere Posts schreiben".

Schaffen Sie Ihre eigenen Regeln

Selbstverständlich hat jedes soziale Netzwerk für die Community seine hauseigenen Regeln. Allerdings können Sie darüber hinaus auch eigene Richtlinien schaffen, um daran zu erinnern, welches Verhalten in Ihrer Community angebracht ist und was nicht akzeptiert wird. Halten Sie diese Regeln schriftlich fest und machen Sie sie an einem gut sichtbaren Platz auf Ihrer Seite öffentlich zugänglich. Bei Regelverstößen können Sie dann auf diese Richtlinien verweisen. Ihr Verhalten wird dadurch transparenter und Sie können sich auf Ihre Richtlinien berufen, wenn es notwendig werden sollte, einen Nutzer wegen Verstoßes dagegen zu sanktionieren.

Sorgen Sie für eine freundliche und unterstützende Community

Wenn Ihre Antworten an Trolle wohlüberlegt und inhaltlich durchdacht sind, helfen sie Ihnen beim Aufbau einer unterstützenden Community. Manchmal fängt diese Community dann an, die Trolle selbst im Zaum zu halten, wodurch das Gesprächsklima, in dem Trolle gedeihen können, unerwünscht wird. In seinem The Guardian-Artikel erklärt Bradbury folgendes: „Der integre Weg ist der einzige Weg in den sozialen Medien, egal, ob Sie es mit einem Kunden, einer berechtigten Beschwerde oder einem Troll ohne jedes Interesse an einer positiven Lösung zu tun haben. Im Internet (und persönlich) ansprechbar, verantwortungsvoll und respektvoll zu sein, hat einen willkommenen Nebeneffekt: Es entsteht eine Community aus Social-Media-Followern, die Sie respektiert und zu Ihnen steht. Und wenn doch mal Trolle daherkommen, werden diese es in einer positiven und unterstützenden Community schwer haben, längerfristig Gift und Galle zu spucken".

Hören Sie zu

Widmen Sie Ihrer Social-Media-Präsenz und den Reaktionen, die diese erhält, Ihre Aufmerksamkeit – ob es sich nun um Kommentare auf Ihren Social-Media-Profilen, um direkte Erwähnungen, in denen Ihr Unternehmen markiert wurde, oder um Beiträge, in denen einfach über Sie gesprochen wird, handelt. Social Media Monitoring ist ausschlaggebend, um Trolle (oder andere Probleme) zu entdecken, bevor sie aus dem Ruder laufen.

4.2. Wie gehen Sie richtig mit einem Shitstorm um

Soziale Medien haben nicht nur Vorteile. Denn natürlich ist nicht alles, was über Ihr Unternehmen im Internet veröffentlicht wird, positiv. Es kann auch ganz anders kommen. Und hier ist ein weiteres Problem: Suchmaschinen lieben besonders die Texte, die andere, private Nutzer über Ihr Unternehmen im Netz verbreiten, und nicht so sehr das, was Sie gerne verbreitet sehen würden. Meinungen, die im Netz über Ihr Unternehmen gepostet werden können, verbreiten sich sehr schnell. Egal ob sie positiv oder negativ sind. Die Weiterverbreitung von Meinungen kann sich schnell zu einer Lawine entwickeln – hier kommt das Schneeballprinzip zum Tragen. Und besonders schnell verbreiten sich negative Meinungen. Der Mensch ist nun einmal so gepolt, dass er negative Meldungen meist interessanter findet als positive. Wenn eine negative Meinung über Ihr Unternehmen Leute aufregt und dazu bringt, die Botschaft weiter zu verbreiten, dann haben Sie es sehr schnell mit einem sogenannten Shitstorm zu tun und Sie werden plötzlich von allen Seiten regelrecht unter Feuer genommen. Man wird Sie bzw. Ihr Unternehmen beschimpfen, verhöhnen, herabwürdigen, an den Pranger stellen und kein gutes Haar daran lassen.

So ein Shitstorm kann sich ganz plötzlich binnen weniger Stunden entwickeln und entsteht oft aus einem relativ nichtigen Anlass. Wenn man sich ansieht, warum der ganze Wirbel entstanden ist, bekommt man oft den Eindruck, es mit einem Sturm im Wasserglas zu tun zu haben.

4.2.1. Wie Sie sich gegen einen Shitstorm wappnen:

Ein Shitstorm wird, wenn er einmal entstanden ist, immer über mehrere Kanäle verbreitet: Die üblichen sozialen Netzwerke, Blogartikel und schließlich auch über die Presse. So ein Shitstorm entsteht schnell und braucht oft nur wenige Stunden, um seine volle Zerstörungskraft zu entfalten und sich bis in die etablierten Medien zu verbreiten.

Wichtig ist, dass Sie in diesem Moment nicht unvorbereitet sind und einen Plan haben, an dem Sie sich festhalten können, der Ihnen sagt, was Sie im Falle eines Shitstorms zu tun haben. Denn bei einem Shitstorm neigen die Leute dazu, sich gegenseitig hochzuschaukeln. Sie müssen jetzt schnell reagieren können.

Für diesen Fall sollte ein Krisen-Strategie-Plan vorliegen. Handeln Sie auch danach. Im Unternehmen verantwortliche Kommunikationsspezialisten, im besten Fall die Social-Media- und Presse-Experten, sollten sofort informiert werden. Holen Sie sich sicherheitshalber juristische Unterstützung, um die Lage korrekt einschätzen zu können und keine Fehler zu begehen.

4.2.2. Kommentare weder löschen noch sperren

Versuchen Sie sich immer einen Überblick zu verschaffen, wer wo was über Ihr Unternehmen schreibt. Das gilt natürlich ganz besonders dann, wenn ein Shitstorm heraufzieht und Sie und Ihr Unternehmen massiven öffentlichen Angriffen ausgesetzt sind. Ihre besondere Aufmerksamkeit müssen Sie natürlich auf die Beiträge in den sozialen Netzwerken richten. Machen Sie aber nicht den Fehler, im Schnellschuss Beiträge zu löschen und User zu sperren, nur weil sie unbequem sind. Beleidigende Aussagen oder Aussagen, die gegen das Recht verstoßen, können Sie natürlich entfernen, aber lassen Sie nicht den Eindruck entstehen, dass Sie versuchen, kritische Stimmen mundtot zu machen. Ausgenommen es handelt sich um einen Troll, der absichtlich provozieren will (siehe letztes Kapitel). Versuchen Sie auch dann einen konstruktiven Kontakt mit den Nutzern aufrecht zu erhalten, wenn Ihnen manche Äußerungen oder Beiträge unsinnig oder absurd erscheinen.

4.2.3. Beantworten Sie Kritik persönlich und sensibel

Versuchen Sie zu erfassen, worum es bei der Beschuldigung im Kern geht. Lassen Sie sich nicht vom Niveau Ihrer Kritiker beeinflussen oder womöglich auf dasselbe Niveau herunterziehen. Bleiben Sie souverän und in jeder Lage absolut professionell. Natürlich ist es nicht so einfach, auf emotionale und aggressive Kommentare zu reagieren, vor allem wenn diese in großer Anzahl kommen und Sie normalerweise sehr sachlich und seriös argumentieren.

4.2.4. Nutzen Sie den Shitstorm und demonstrieren Sie Ehrlichkeit

Ein Shitstorm ist eine unangenehme Sache, aber Sie können das Beste aus der Situation machen, indem Sie richtig damit umgehen. Sie sollten immer offen und positiv auf die Anschuldigungen reagieren, egal wie abstrus diese auch sein mögen. Erklären Sie die Position Ihres Unternehmens kurz und sachlich mit guten Argumenten. Wenn wirklich etwas schiefgegangen sein sollte, was den Shitstorm rechtfertigt, dann entschuldigen Sie sich und schaffen Sie so gut und schnell es geht Abhilfe. Wenn man sieht, dass Sie aus Fehlern lernen und diese zugeben, dann ist das ein Zeichen von Größe und wird auch so wahrgenommen werden. Vermeiden Sie aber ewig lange Antworten und fassen Sie sich so kurz wie möglich. Sonst riskieren Sie, dass Aussagen aus dem Zusammenhang gerissen und sinnentstellt im Netz weiterverbreitet werden.

Achten Sie darauf, dass alles was Sie sagen, absolut wahr und beweisbar ist. Wenn Sie sich gegen einen Shitstorm verteidigen müssen und man Ihnen dann weitere Lügen, Täuschungsversuche und andere Unregelmäßigkeiten nachweisen kann, wird das den Shitstorm weiter anfachen und womöglich nachhaltigen Schaden anrichten.

Denken Sie daran, die meisten Shitstorms sind nur von kurzer Dauer und wenn es Ihnen gelingt, die Spannung aus der Sache heraus zu bekommen und der Empörung den Dampf abzulassen, ist der Shitstorm mit etwas Glück genauso schnell vorbei, wie er entstanden ist. Tendenziell sind Shitstorms kurzlebige Phänomene mit begrenzter Lebensdauer – wenn man nicht den Fehler macht, Öl ins Feuer zu gießen.

Leider bekommt man in den Medien selten etwas über Shitstorms mit, auf die schnell und professionell reagiert wurde. Stattdessen wird immer nur über die Fälle berichtet, die hohe Wogen geschlagen haben.

Stichwortverzeichnis

V

Z

8462553R00041

Printed in Germany
by Amazon Distribution
GmbH, Leipzig